RELATION

DE LA

BLESSURE ET DE LA MORT

DE

MGR L'ARCHEVÊQUE DE PARIS,

SUIVIE

DU PROCÈS-VERBAL DE L'EMBAUMEMENT DU CORPS

ET DE L'EXAMEN MÉDICO-LÉGAL DE LA PLAIE.

Par le docteur CAYOL,

ANCIEN PROFESSEUR DE LA FACULTÉ DE MÉDECINE DE PARIS.

Quæque ipse miserrima vidi!

PARIS,

CHEZ ADRIEN LECLÈRE ET Cie,

IMPRIMEURS DE N. S. P. LE PAPE ET DE L'ARCHEVÊCHÉ,

RUE CASSETTE, 29, PRÈS SAINT-SULPICE.

1848

ary

RELATION

DE LA BLESSURE ET DE LA MORT

DE

MGR L'ARCHEVÊQUE DE PARIS,

Quæque ipse miserrima vidi.

Quoique ce triste et glorieux événement soit déjà connu du monde entier, nous croyons que le public et le corps médical en particulier attendent de nous quelques nouveaux détails.

Et les fidèles abonnés de notre *Revue*, ces confrères de prédilection, qui, non-seulement en France, mais dans tous les pays étrangers, ont, depuis plus de vingt ans, soutenu et propagé notre œuvre par leurs honorables sympathies, que penseraient-ils de nous, en feuilletant leur cahier de JUIN 1848, s'ils y cherchaient vainement quelques pages qui consacrent un souvenir douloureux et consolant tout ensemble pour la religion et pour la patrie, pour cette chère patrie, si cruellement déchirée par une guerre civile monstrueuse, et jusqu'ici sans exemple dans l'histoire des peuples civilisés !

C'est donc un devoir de notre position que nous venons accomplir. Nous serons sobres de paroles, en retraçant des faits qui parlent assez d'eux mêmes, et beaucoup mieux que nous ne saurions le faire.

Le dimanche 25 juin, entre 7 et 8 heures du soir, tandis que le canon grondait à Paris, et qu'on voyait passer dans les rues les brancards chargés de morts et de blessés, l'Archevêque se dirigeait vers le faubourg Saint-Antoine. Il venait porter aux insurgés des paroles de paix et de charité; il venait les exhorter avec l'autorité de son caractère à faire cesser l'effusion du sang français. Il était accompagné de ses deux grands vicaires, MM. Jacquemet et Ravinet.

Le général Cavaignac avait approuvé sa généreuse résolution, sans toutefois lui en dissimuler le danger.

Arrivé sur la place de l'Arsénal, où se trouvaient réunies des forces imposantes d'infanterie et d'artillerie, l'Archevêque s'adressa à l'officier supérieur qui commandait l'attaque du faubourg. Il lui fit connaître l'assentiment donné par le général Cavaignac à sa démarche, et le pria de faire suspendre le feu, qui était en ce moment très-vif sur la place de la Bastille. Les officiers le conjuraient de renoncer à une entreprise qui compromettait sa vie, et qui présentait, suivant eux, peu de chances de succès; ils lui citaient, entre autres catastrophes récentes, l'assassinat du brave général de Bréa et de son aide-de-camp. Le prélat demeurait ferme dans sa résolution. *Ma vie*, disait-il, *est bien peu de chose, et je ne puis renoncer à l'espoir de ramener à de meilleurs sentiments ce malheureux peuple qu'on a trompé.*

Le général commandant cède enfin à ses instances,

et donne l'ordre de suspendre le feu sur toute la ligne. En attendant que cet ordre soit exécuté, l'Archevêque visite et console les blessés dans la rue, et dans une ambulance voisine. Plusieurs gardes nationaux de bonne volonté, qui l'avaient suivi malgré lui, revêtent une blouse d'ouvrier, et faisant flotter un mouchoir blanc au-dessus de leur tête, courent vers les barricades pour faire cesser les hostilités de ce côté. L'un d'eux attache un rameau vert au bout d'une perche, en signe de paix, et marche en avant, à peu de distance de l'Archevêque, pour annoncer son arrivée dans le faubourg (1).

Les insurgés, en masse, montrent d'assez bonnes dispositions. Cependant quelques-uns des plus exaltés font entendre, çà et là, de sinistres paroles, et repoussent avec colère l'intervention pacifique qui leur est offerte. *Il nous faut*, disent ces furieux, *encore trois jours de combats... Que vient faire ici votre Archevêque? Il aurait mieux fait de rester chez lui...* Ces paroles, et d'autres encore, que nous ne voudrions pas répéter, étaient proférées dans un groupe où se trouvait un des grands vicaires, qui fut assailli de grossières injures pour avoir voulu faire quelques observations. Hâtons-nous d'ajouter, comme complément de vérité historique, que les scènes de ce genre étaient exceptionnelles, et que l'habit ecclésiastique était généralement respecté dans le faubourg. Mais hélas! c'est bien ici le cas de rappeler le dicton populaire : Il

---

(1) Ce brave citoyen s'est fait connaître depuis par une lettre insérée dans les journaux. Il se nomme Théodore Albert, éditeur, rue Vivienne, 8, caporal de la 3ᵉ légion, 3ᵉ bataillon, 3ᵉ compagnie.

ne faut qu'une mauvaise tête pour faire un mauvais coup.

L'entrée de la grande rue du faubourg était fermée par une énorme barricade, appuyée à droite sur une boutique de marchand de vin, qui a deux issues, l'une sur la place de la Bastille et l'autre dans la rue du Faubourg. C'est par là que l'Archevêque fut introduit. Les insurgés le reçurent avec des témoignages de respect et de satisfaction. Il entra, précédé de son parlementaire officieux, porteur du rameau vert, et suivi de son valet de chambre seulement, les deux grands vicaires s'étant trouvés retenus en dehors de la barricade par quelques collisions qu'ils s'efforçaient d'appaiser.

A peine l'Archevêque avait-il fait quelques pas dans le faubourg, et élevé la voix pour faire entendre ces mots : *mes amis, mes amis*, en étendant les mains vers les insurgés, qu'un coup de fusil, parti on ne sait d'où ni comment, fut le signal d'un grand désordre: les cris *à la trahison! aux armes! aux barricades!* retentissent dans le faubourg ; les insurgés font une décharge, la garde mobile riposte. Au milieu de ce feu croisé et de tout ce tumulte, l'Archevêque, frappé d'une balle, fléchit sur ses jambes, et s'affaisse sur le trottoir à droite, en disant à l'homme au rameau vert qui lui tendait la main : *mon ami, je suis blessé*. Sa figure était restée si calme qu'on put croire, dans le premier moment, sa blessure légère. Il était devant la boutique n° 4 occupée par un bureau de tabac. Les insurgés s'empressent autour de lui pour le relever, avec de grandes démonstrations de douleur et de regrets. *Ce n'est pas nous*, s'écrient-ils, *qui vous avons blessé; ce sont les brigands; mais nous vous vengerons.*

— *Non, non, mes amis,* disait l'Archevêque, *ne me vengez pas ; je ne veux pas être vengé : il y a assez de sang répandu ; je désire que le mien soit le dernier.* On improvise un brancard avec des fusils, pour le mettre à l'abri de la fusillade qui n'avait pas cessé, et on le transporte péniblement dans une boutique de marchand de meubles n° 26 du faubourg, la seule qui se trouve ouverte. Dans ce court trajet, son valet de chambre Pierre Sellier, qui aidait à le porter, reçut une balle au-dessus de la hanche droite, ce qui ne l'empêcha pas de rester à son poste, à côté de son maître dont il ne voulut pas se séparer (1).

Après une halte de quelques instants dans la boutique où on l'avait déposé, l'Archevêque est placé sur un matelas, et transporté sur les bras des faubouriens dans la maison du curé de St-Antoine, attenante à l'hospice des Quinze-Vingts, rue de Charenton. Inutile de dire que là Monseigneur fut entouré des soins les plus tendres, les plus respectueux et les plus dévoués, tant de la part du vénérable curé qui mettait toute sa maison à sa disposition, que des insurgés eux-mêmes qui manifestaient beaucoup d'émotion, et rivalisaient de zèle avec tous les assistants.

Les deux grands vicaires, retenus comme nous l'avons dit, en dehors du faubourg au moment de la catastrophe,

---

(1) C'est à tort que les journaux ont annoncé la mort de ce fidèle serviteur. Sa blessure n'a pas eu de gravité. La balle ayant traversé obliquement et de part en part la peau et le tissu cellulaire sous-cutané, avait figuré un trajet de séton d'environ 12 centimètres de longueur. Il y a eu, pendant une huitaine de jours, fièvre continue, avec tuméfaction douloureuse de la blessure ; puis suppuration de bonne nature, mais abondante et prolongée. Aujourd'hui, 15 juillet, les deux ouvertures d'entrée et de sortie de la balle sont en partie cicatrisées, et le blessé commence à reprendre ses occupations.

étaient sur le point de franchir le passage, lorsqu'une grêle de balles tombant à l'improviste sur la place, il y avait eu *un sauve qui peut*, et une confusion générale qui les avait séparés violemment l'un de l'autre. M. Jacquemet, entraîné vers la colonne de Juillet, eut son chapeau traversé par une balle. Dès que le calme fut un peu rétabli, il apprit la blessure de l'archevêque, et il fut assez heureux pour pouvoir encore le rejoindre aux Quinze-Vingts, dans la soirée, en obtenant un passage par quelques maisons de la rue Contrescarpe qui communiquent avec la rue de Charenton. M. Ravinet, refoulé dans une direction opposée, apprit en même temps, vers dix heures, la blessure de l'Archevêque et le désir qu'il témoignait d'avoir près de lui son médecin : il s'empressa de venir lui-même nous chercher, pour abréger tous les retards.

Cependant, après les premiers moments de stupeur qui suivent toujours les coups de feu, la gravité de la blessure ne tarda pas à se révéler par d'horribles douleurs et la paralysie des jambes. C'est alors que l'Archevêque demanda son médecin, son secrétaire particulier M. l'abbé Delage, et son second domestique Cyprien, pour remplacer Pierre Sellier, dont la blessure le préoccupait plus en ce moment que ses propres souffrances. On se mit tout de suite en devoir de le satisfaire. Mais les communications étaient si difficiles dans Paris, à cause des dispositions militaires de l'état de siège, qu'il était un peu plus d'onze heures lorsque M. Ravinet vint frapper à notre porte. Il ne put nous donner aucune indication sur la nature ni même sur le siège de la blessure.

Nous partîmes ensemble à l'instant même, sous l'escorte de quatre soldats sans armes détachés du poste de l'Archevêché, et d'un officier porteur du mot d'ordre. La distance est grande entre le quartier St-Germain que nous habitons, et le faubourg St-Antoine. Il fallut allonger un peu le trajet, pour éviter les abords de l'Hôtel-de-Ville, en traversant la cité, le pont de la Tournelle, l'île St-Louis et le pont-Marie. A chaque quarante ou cinquante pas nous étions arrêtés par les sentinelles qui demandaient le mot d'ordre. Enfin, quelles que fussent notre anxiété et notre impatience, il était minuit et demi lorsque nous arrivâmes sur la place de la Bastille, éclairée comme toutes les rues adjacentes, par les feux des bivouacs, et couverte de faisceaux d'armes. Des batteries formidables étaient dressées en face du faubourg. Mais tout était calme et silencieux.

Nous venions de rencontrer, dans le haut de la rue St-Antoine, le citoyen Larabit, revêtu de son écharpe, et escorté de quelques hommes sans armes. Cet honorable représentant, retenu comme otage dans le camp des insurgés, avait obtenu d'en sortir pour remplir une mission de parlementaire auprès du gouvernement. On peut juger de notre empressement à lui demander des nouvelles de l'Archevêque. Il nous assura (sans doute d'après les bruits du faubourg) que la blessure de Monseigneur était un coup de feu *à la jambe*, ce qui nous soulagea, pour le moment du moins, d'un pénible souci; car nous venions avec le pressentiment de quelque chose de bien plus grave. M. Larabit ne croyait pas qu'il nous fût possible de pénétrer dans le faubourg à une heure aussi avancée de la nuit. Les officiers de l'armée, que nous interrogeâmes sur la place de la Bastille, furent tous du même avis, et nous dissuadèrent de faire aucune tentative. Ils nous dirent que toutes les dispositions étaient prises pour ouvrir le feu dès le point du jour, que les barricades seraient emportées de bon matin, et qu'il ne s'agissait en définitive que d'un retard de quelques heures pour notre visite. Mais ces heures nous paraissaient longues dans de telles circonstances. Après bien des perplexités, nous vînmes attendre la fin de la nuit à lA'rchevêché, dans l'île St-Louis, et nous écrivîmes de là à M. Charrière pour qu'il nous fît parvenir le plus tôt possible un brancard couvert. Dès qu'il fit jour nous revînmes à la Bastille.

Les canons étaient encore muets, et le morne silence qui continuait à régner sur la place, n'était interrompu que par quelques coups de fusil isolés qu'on tirait de temps en temps par les fenêtres. Nous apprîmes que les insurgés avaient envoyé des parlementaires, et qu'on leur avait accordé un sursis jusqu'à huit heures précises du matin. Il n'était guère que quatre heures : nous avions amplement le temps de faire transporter l'Archevêque avant la reprise des hostilités. Nous ne perdîmes pas une minute, et nous traversâmes d'un pas accéléré la place de la Bastille pour arriver au pied de la barricade qui fermait la rue de Charenton.

Là nous fûmes accueillis par les insurgés avec des poignées de main et des démonstrations toutes sympathiques. *Ah!* disaient-ils, *vous êtes le médecin de notre bon Archevêque ; nous sommes bien contents que vous veniez le soigner... Quel malheur!... Ce n'est pas nous qui l'avons blessé ce bon Archevêque: ce sont les brigands de la mobile...* Ils nous firent traverser la barricade par un petit sentier réservé, et nous conduisirent sans délai auprès de Monseigneur.

Nous le trouvâmes en proie à d'horribles souffrances,

qu'il supportait avec une résignation héroïque, mais surtout admirable de simplicité. Les premières paroles qu'il nous adressa furent celles-ci : *Je suis content de vous voir; je vous remercie d'être venu jusqu'ici ; mais vous prenez une peine inutile ; je vais m'endormir dans l'Éternité.* Il savait que sa blessure était mortelle ; il avait exigé qu'on lui dît toute la vérité sur sa situation, et on la lui avait dite. Dès ce moment, il avait offert à Dieu le sacrifice de sa vie, et il n'était plus occupé que de se préparer à la mort. Il disait aux amis qui l'entouraient : *Ne priez pas pour ma guérison; mais priez pour que ma mort soit sainte, et que mon sang soit le dernier versé.*

Telles étaient, au moral, les dispositions sublimes de notre illustre et vénérable malade.

Quant à son état physique, nous nous en occupâmes immédiatement, de concert avec le docteur Lacroze, chirurgien de l'hospice des Quinze-Vingts, qui avait dirigé les premiers soins, avec autant d'habileté que de prudence, avant notre arrivée, et qui s'empressa de nous faire connaître tout ce qui s'était passé pendant les huit ou neuf heures écoulées depuis l'accident.

Lorsque l'Archevêque avait été transporté aux Quinze-Vingts, il était dans un état d'abattement et de torpeur qui annonçait, au premier coup-d'œil de l'homme de l'art, et avant toute investigation, une lésion grave et dangereuse. Il ne se plaignait que d'une faiblesse générale, et d'un engourdissement douloureux des jambes, qui déjà étaient presque complétement paralysées. Le premier soin fut de le débarrasser de ses vêtements ensanglantés ; et l'on vit alors l'ouverture d'entrée de la balle dans la région lombaire, à droite et à peu de distance de l'épine vertébrale. Cette ouverture étant unique, il était évident, d'après la nature et la gravité des symptômes primitifs, que la balle était restée dans la plaie, et qu'elle avait pénétré assez avant pour léser la moëlle épinière. Mais toute tentative pour la recherche et l'extraction du corps vulnérant, eût été, dans ces premiers moments, prématurée et dangereuse, à cause de la dépression des forces, et de la concentration du pouls, qui était presque lypothymique. On avait dû se contenter de faire un pansement simple et méthodique, de disposer convenablement le lit du malade, et de prescrire quelques boissons anti-spasmodiques, en observant la marche et le développement ultérieur des phénomènes pathologiques. Un peu plus tard, à mesure que la réaction s'établissait, l'affaissement était remplacé par de cruelles souffrances. Les douleurs devenaient de plus en plus vives et continues : elles étaient atroces au moment de notre arrivée.

Ces douleurs se faisaient sentir non-seulement dans la plaie, mais encore et bien plus vivement à la jambe gauche, dans tout le trajet du nerf sciatique, depuis le bassin jusqu'au talon et au bout du pied. C'est peut-être ce qui avait donné lieu au bruit populaire d'une blessure à la jambe. Des douleurs analogues affectaient aussi par intervalles, mais avec beaucoup moins d'intensité, la cuisse et la jambe droites. Nous constations une paralysie à peu près complète des deux membres inférieurs, c'est-à-dire que le malade pouvait à peine exécuter quelques mouvements très-faibles des orteils. Il n'y avait pas anesthésie. Mais la chaleur et la sensibilité de la peau, comparées à celles des autres régions du corps, paraissaient un peu au-dessous de l'état normal. Il y avait, par intervalles, des nausées, suivies de quelques vomituritions aqueuses. Le ventre était souple et sans aucun point douloureux. En palpant la région hypogastrique, nous reconnûmes que la vessie était vide, quoique le malade n'eût pas uriné depuis sa blessure.

Les facultés intellectuelles, morales et affectives étaient dans une parfaite intégrité. Les traits de la face exprimaient la douleur, en même temps que la sérénité de l'âme et la résignation. Le visage était pâle, sans être tout-à-fait décoloré. Le pouls s'était relevé.

Nous prescrivîmes une large saignée de bras, qui fut à l'instant même pratiquée, et bien supportée. Le sang était riche, et ne présentait d'ailleurs aucun caractère insolite.

Le moment était venu d'examiner et de sonder la blessure. Mais nous jugions que cette opération pouvait être un peu différée sans inconvénient, et qu'elle serait faite plus convenablement à l'Archevêché. Nous avions hâte d'y ramener le malade, pour le soustraire aux éventualités du terrible assaut qui se préparait, et qui, dans le cas d'une résistance opiniâtre, pouvait faire du faubourg Saint-Antoine un monceau de ruines.

Nous fûmes arrêtés par un obstacle imprévu. Les insurgés, qui gardaient les issues de la maison et même les abords de la chambre de l'Archevêque, sous prétexte de lui faire une garde d'honneur, ne voulaient pas qu'il leur fût enlevé. L'un deux, homme intelligent et officieux, à qui nous nous étions adressés dès notre arrivée pour qu'il nous préparât les voies, était entré parfaitement dans nos vues. Ancien habitant du faubourg il en connaissait tous les passages, et se faisait fort de nous conduire jusqu'au pont d'Austerlitz, sans être arrêtés par aucune barricade. Ainsi les obstacles matériels étaient applanis. Mais les autres faubouriens, au nombre de quinze ou vingt, avaient tenu conseil, et ils s'opposaient à notre départ. Il nous fut impossible, par aucun moyen de persuasion, de vaincre leur résistance, qui, du reste, s'exprimait en bons termes : *Ne nous enlevez pas*, disaient-ils, *notre bon Archevêque; il nous portera bonheur. Ne craignez rien pour lui ; nous saurons bien le défendre ; nous nous ferions tous tuer plutôt que de souffrir qu'on lui fît du mal.*

La vérité est qu'ils voulaient se faire un otage de l'illustre victime. Ils paraissaient en général pleins de confiance. Depuis deux jours ils n'avaient pas perdu beaucoup de terrain ; leurs barricades du faubourg étaient encore intactes ; ils croyaient toucher au moment de la délivrance des prisonniers de Vincennes, qui étaient, suivant eux, ou plutôt suivant quelques-uns d'entre eux, les vrais républicains. Le grand grief de quelques autres contre l'assemblée nationale était ainsi formulé : *Nous n'avons que trois représentants à nous dans l'assemblée, et on ne veut pas les laisser parler. Chaque fois qu'ils prennent la parole, on fait tapage en frappant avec les couteaux de bois sur les pupitres, pour qu'ils ne soient pas entendus.*

C'était pour nous un sujet d'études curieuses et tristes que l'état mental vraiment extraordinaire de ces hommes égarés ou pervertis. La plupart ne savaient pas pour qui ni pourquoi ils se battaient, et ce n'étaient pas les moins exaltés ! Ils n'avaient de préférence pour aucun parti ni pour aucune forme de gouvernement. Lorsque nous les poussions à bout de leur logique, ce qui était facile, ils répondaient pour tout argument : *Nous sommes malheureux, et nous avons le droit d'être heureux comme tout le monde...* Pauvres têtes, faussées par les doctrines matérialistes et communistes ! Tous prétendaient qu'ils n'avaient pas de chefs, et qu'*ils se gouvernaient d'après leur idée.*

Pendant ces pourparlers, le temps s'était écoulé : l'horloge des Quinze-Vingts sonnait huit heures, et le canon tonnait avec un tel fracas que le faubourg en était ébranlé. Bientôt nous pûmes juger, à la physionomie des insurgés, que leur confiance n'était plus la même. Ils apprenaient que le général Lamoricière, qui s'était rendu maître du faubourg du Temple, arrivait sur leurs derrières, et qu'ils allaient se trouver entre deux feux. En même tems la dernière proclamation du général Cavaignac avait pénétré dans le faubourg, et leur avait fait quelqu'impression. Ils demandèrent à parlementer. La canonade cessa, et on annonça qu'un dernier sursis était accordé jusqu'à dix heures du matin.

A cette nouvelle, nous n'eûmes rien de plus pressé que de reprendre avec de plus vives instances les négociations pour notre sortie du faubourg. Mais nous trouvâmes encore une résistance invincible. Quelques-uns nous dirent confidentiellement : « N'insistez pas d'avantage ; si la
» chose ne dépendait que de notre volonté, nous vous di-
» rions de partir. Mais il y a dans notre faubourg des
» hommes si exaltés et si féroces, que s'ils vous voyaient
» emporter l'Archevêque, ils seraient capables de tirer
» sur lui pour l'achever ! »

La pensée d'une éventualité aussi atroce nous fit frissonner, et coupa court à tout projet de départ. Il fallut nous résigner à attendre les événements. Ne pouvant plus prévoir quelle serait la durée de notre captivité, nous ne voulûmes pas différer plus longtemps de sonder la blessure, pour chercher les moyens de soulager des souffrances cruelles qui ne laissaient plus aucun répit.

En ce moment nous eûmes une agréable surprise en voyant entrer M. Manec, chirurgien en chef de la Salpêtrière, avec son tablier d'hôpital, et sa trousse sous le bras.

Cet honorable confrère, chargé momentanément d'un service de blessés à l'Hôtel-Dieu-Annexe, dans la rue même de Charenton, se trouvait, comme nous, retenu dans le faubourg ; et ayant appris l'accident de l'Archevêque, il venait s'informer de ses nouvelles. Il voulut bien nous prêter, avec une parfaite obligeance, le concours de son talent bien connu ; et, de concert avec lui et le docteur Lacroze, nous procédâmes aussitôt à l'examen du blessé.

L'ouverture d'entrée de la balle était située vers le haut de la région lombaire, à cinq centimètres à droite de la ligne médiane de l'épine. Une sonde mousse, introduite dans cette ouverture, pénétrait obliquement de haut en bas et de droite à gauche jusqu'à une profondeur de neuf centimètres. Là elle était arrêtée par un corps dur qu'on aurait pu prendre pour la balle, au premier moment. Mais, après un débridement pratiqué au moyen d'un bistouri boutonné, conduit par une sonde cannelée, on put porter le doigt dans tout le trajet parcouru par la sonde, et l'on reconnut alors au fond de ce trajet une surface osseuse dénudée, inégale et raboteuse, mais sans esquilles détachées. Il y avait fracture d'une ou plusieurs lames vertébrales, auprès des trous de conjugaison. Il était évident que la balle avait passé par là ; mais elle avait pénétré plus avant, et tout portait à croire qu'après avoir ouvert le canal médullaire, elle s'était logée soit dans le corps d'une vertèbre, soit dans le muscle psoas. Mais elle devait être restée en dehors du péritoine ; car rien n'indiquait une lésion quelconque des viscères renfermés dans cette enveloppe. La prudence ne permettait pas de pousser plus loin des recherches qui avaient été fort douloureuses, et dont nous n'espérions plus aucun résultat utile. Après un pansement convenable, le blessé fut replacé sur le dos, dans une position horizontale, et nous renforçames les boissons calmantes, dont il avait déjà fait usage, par quelques nouvelles combinaisons médicamenteuses.

Notre opération était à peine terminée, et le docteur Manec, qui s'en allait en traversant les Quinze-Vingts, n'était pas encore rentré à son hôpital, lorsque la canonade recommença, plus forte et plus nourrie que celle du matin. Les éclats d'obus et les projectiles de toute espèce pleuvaient dans la rue, dans les cours, et jusque sur les toits des maisons ; les cheminées s'écroulaient avec fracas ; enfin c'était comme ces tempêtes effroyables, dont la violence même fait heureusement présager la courte durée. Au bout de 15 ou vingt minutes, tout bruit cesse, et, quelques instants après, nous entendons frapper à la porte extérieure à grands coups redoublés. Nous regardons par une fenêtre entr'ouverte, et nous appercevons les pantalons rouges, signe de joie et de délivrance ! La scène avait changé en un clin d'œil : les blouses avaient disparu, et les uniformes de toutes armes affluaient dans la rue. Nous descendons en grande hâte dans la cour, avec le respectable curé et quelques autres personnes. La porte s'ouvre aussitôt, et nous voyons entrer, l'épée à la main, un officier du 42ᵉ de ligne, à la tête de sa compagnie. Alors nous fûmes témoin d'une scène attendrissante. Au premier mot que nous dîmes de la blessure de l'Archevêque, l'officier nous témoigna avec une vive émotion le désir de le voir. Nous le conduisîmes auprès de Monseigneur ; et là, s'inclinant avec un respect filial sur ce lit de douleur, il exprima ses regrets et ses sympathies dans des termes pleins de sentiment et de convenance. Il ne voulut pas, par égard pour l'illustre blessé, que la maison qui lui avait donné asile fût visitée comme toutes les autres, et à l'instant même il donna contre-ordre à ses soldats. Ces braves gens, tout haletans sous leur havresac, tout couverts de sueur et noirs de poudre, semblaient oublier leur fatigue pour s'occuper de l'Archevêque, et nous demander des détails sur sa blessure. On eut à peine le temps de leur faire accepter quelques verres de vin : la trompette sonnait, et ils avaient hâte de se remettre en marche pour continuer l'occupation du faubourg jusqu'aux barrières.

Tandis que des centaines de bras travaillaient à démolir les barricades désarmées, nous nous occupions des préparatifs du départ. Un brancard couvert, envoyé dès le grand matin par M. Charrière, n'avait pu parvenir jusqu'à nous. Il fallut, à défaut de mieux, se servir de celui de l'hospice, quoiqu'il fût, à la lettre, tout dégouttant de sang, et non couvert. Mais les hommes adroits et de bonne volonté ne manquaient pas parmi les ouvriers qui nous entouraient. On eut bientôt enveloppé ce hideux brancard avec des linges blancs, et cloué sur ses côtés quelques tringles de bois pour supporter un drap de lit, en guise de tente; car encore fallait-il voiler aux regards du *bon Pasteur* le triste spectacle des cadavres d'insurgés, qui gissaient dans des mares de sang, à quelques pas de nous.

Dès que l'Archevêque eut été placé sur ce lit improvisé, ce fut à qui transporterait le précieux fardeau. Six faubouriens chargèrent le brancard sur leurs épaules; six autres marchaient à leurs côtés pour les relayer en chemin. Autour d'eux se formait spontanément une escorte militaire, composée de cinq ou six soldats du 48° de ligne, avec autant de voltigeurs et de gardes-mobiles, commandés par un officier de chaque arme. En présence du martyr de la charité, il n'y avait plus de vainqueurs ni de vaincus. Quel sujet de réflexions consolantes que de voir marcher ainsi côte à côte, et réunis dans un même deuil, des hommes, qui, quelques instants auparavant, se battaient à outrance ! Qui n'admirerait, dans de telles circonstances, le noble caractère du soldat français, si impétueux dans le combat, si doux et si humain après la victoire ! M. le grand vicaire Ravinet, M. le curé de Saint-Antoine, et quelques autres personnes dévouées, se tenaient avec nous auprès du malade pour observer tous ses mouvements, épier tous ses désirs et lui prêter assistance en cas de besoin.

Le cortége défilait silencieusement dans la rue de Charenton, à travers les morts, les blessés, et les ruines encore fumantes. Ce spectacle de désolation était dominé par la grande figure de l'Archevêque martyr. Les femmes étaient agenouillées et les mains jointes sur son passage ; les hommes découverts et dans l'attitude d'une respectueuse émotion.

En arrivant sur la Place de la Bastille, le silence religieux qui nous entourait fut troublé tout-à-coup par un bruit effroyable : c'était une maison qui s'écroulait de fond en comble à l'angle de la rue de la Roquette.

Le cortége se dirigea vers l'Ile Saint-Louis, en passant par le boulevard Bourdon, la Place de l'Arsénal et la pointe de l'Ile Louviers. Rues, places, quais, tout était couvert de troupes, de gardes nationales, et de gens du peuple qui traversaient la foule pour voir de plus près le lit de douleur de l'Archevêque. Partout la garde nationale et la troupe ouvraient leurs rangs, se formaient en double haie, et présentaient les armes. Tous les visages exprimaient les mêmes sentiments de douleur, d'admiration et de respect. Nous ne suffisions pas à répondre aux questions qui nous étaient adressées par les officiers, par les soldats, par tout le monde : *Est-ce que notre Archevêque est mort?... Ah! Dieu soit loué; il vit encore... Sa blessure est-elle dangereuse?... Espérez-vous le sauver?...* Jamais on ne vit un concert plus unanime et plus spontané de sympathies populaires, une ovation plus touchante et plus sublime par sa simplicité même.

A peu près à moitié chemin de l'Archevêché, les voltigeurs qui faisaient partie de l'escorte, exprimèrent le désir de porter à leur tour l'illustre victime, en disant que comme ils étaient tous de même taille et accoutumés à marcher du même pas, le transport serait plus régulier et plus doux pour le blessé. Leur officier ayant accédé à ce pieux désir, ils se débarrassent aussitôt de leurs havresacs, qu'ils confient aux faubouriens ; puis, alignant avec précaution leurs épaules sous les deux limons du brancard, ils le soulèvent sans la moindre secousse.

Il était une heure après midi lorsque le cortège arriva à la porte de l'Archevêché, assiégée par un grand concours d'ecclésiastiques, de gardes nationaux, et de personnes de toute condition. La blessure de l'Archevêque était la grande préoccupation de toute la ville. On se portait en foule vers sa demeure pour solliciter la faveur d'être admis à contempler un seul instant les traits du martyr.

Les porteurs montèrent sans se déranger, par le grand escalier, jusque dans la chambre à coucher de l'Archevêque ; et après avoir aidé les domestiques à le placer dans son lit, ils se retirèrent discrètement, ne voulant pas même accepter, pour la plupart, quelques rafraîchissements qui leur étaient offerts.

Un moment après, les soldats de l'escorte demandent à nous parler en particulier, et nous prient d'intercéder auprès de l'Archevêque, s'il est possible, pour qu'il leur soit permis, avant de s'en aller, de le voir encore une fois, et de lui demander sa bénédiction. Nous nous empressons de transmettre ce vœu à Monseigneur, qui l'accueille avec attendrissement, et avec une bonté touchante, malgré ses souffrances et son extrême faiblesse. Les soldats entrent dans la chambre sur la pointe des pieds pour ne faire aucun bruit, et viennent se mettre à genoux autour du lit. *Mes amis*, leur dit l'Archevêque, en tournant vers eux un regard paternel, *je regrette de ne pouvoir vous dire tout ce que je pense, tout ce que je sens au fond de mon cœur. Vous êtes de braves gens, vous avez bien mérité de votre pays en triomphant de l'anarchie. Je vous bénis, et le bon Dieu vous bénira.* Ces braves soldats étaient émus jusqu'aux larmes ; quelques uns sanglottaient, et leur émotion se communiquait aux nombreux témoins de cette scène si pathétique et si édifiante.

Notre vénérable malade avait fort bien supporté le transport, et nous fûmes heureux de lui entendre dire qu'il n'avait pas plus souffert pendant ce long trajet, des Quinze-Vingts à l'Archevêché, qu'il ne souffrait avant le départ, et même encore en ce moment dans le repos du lit.

Après avoir de nouveau constaté la vacuité de la vessie, et l'absence complète d'excrétion urinaire depuis la blessure, nous reconnûmes, en renouvelant le pansement, que les urines s'épanchaient en grande quantité par la plaie : signe indubitable de la pénétration de la balle jusqu'aux reins, et de désordres tellement graves, tellement compliqués, qu'ils ne laissaient aucun espoir de guérison.

Dans cette conviction douloureuse, nous éprouvions le besoin de chercher quelques contradictions, quelques raisons plus ou moins plausibles de douter encore de l'impuissance de l'art, ou, si cette impuissance ne pouvait être mise en doute, de la faire reconnaître et constater par une réunion imposante des témoignages les plus éclairés et les plus compétents. C'était à la fois un acquit de conscience, une satisfaction de cœur, et un devoir de notre position, non seulement comme médecin, mais encore, s'il nous est permis de le dire, comme ami dévoué de l'illustre prélat, et depuis longtemps honoré de son intime confiance.

Nous fîmes donc appeler, le plus tôt possible, en consultation, les docteurs Récamier, Roux, Velpeau, Manec, Lacroze et Philippe Boyer. Nous eûmes avec ces savants confrères de longues conférences, dans lesquelles les graves questions qui nous préoccupaient, furent examinées sous toutes leurs faces. L'avis unanime fut 1º qu'il serait inutile et dangereux de faire de nouvelles tentatives pour la recherche et l'extraction de la balle ; 2º qu'après le débridement de la plaie, qui avait été pratiqué suivant les règles de l'art, il n'y avait plus de traitement chirurgical à faire ; 3º qu'il fallait se borner à un traitement médical, qui ne pouvait être d'ailleurs que palliatif, en modérant les douleurs et la réaction fébrile par la combinaison des médications sédatives et anti-phlogistiques ; 4º que la double lésion de la moëlle épinière et des reins ne laissait aucune chance de guérison, ni même de prolongation de la vie au-delà de fort peu de temps.

Nous passâmes la nuit à l'Archevêché, avec l'assistance d'un estimable confrère, le docteur Noël, compatriote de l'Archevêque, et ami de sa famille, qui ne quitta pas un instant le malade lorsque nous fûmes forcés de prendre un peu de repos.

Sous l'influence d'une potion sédative, dont les doses avaient été graduellement augmentées, nous avions obtenu un soulagement notable des douleurs. La nuit se passa avec des alternatives d'agitation et d'abattement. Il y eut des moments de calme, et même de bon sommeil. Cependant la réaction fébrile commençait à s'établir ; le pouls devenait de plus en plus fréquent. A 6 heures du matin il donnait 130 pulsations par minute. Le malade ne se plaignait plus de grandes douleurs; mais il y avait accablement et somnolence. Nous fîmes tirer encore de deux à trois palettes de sang par une saignée de bras. L'accablement diminua, ainsi que la fréquence du pouls.

La matinée se passait assez bien, eu égard à la gravité de la situation, et le malade lui-même se trouvait mieux, quoique toujours un peu accablé et somnolent. Entouré de sa famille et de ses amis, de M. Affre, son frère, membre de l'Assemblée nationale, qui ne le quittait pas, de M. l'abbé Fabre, son neveu, de tous ses grands-vicaires, qui lui prodiguaient les consolations religieuses, il répondait de temps à autre à ces tendres soins par des expressions affectueuses, et par des paroles d'édification qui étaient recueillies avec avidité. Lorsqu'on le tirait de sa somnolence en lui adressant quelques questions, son intelligence était parfaitement lucide.

De midi à deux heures, la somnolence augmenta beaucoup, et la respiration, jusqu'alors bien libre, devint de plus en plus gênée, puis haletante, suspirieuse, inégale, tandis que le visage et surtout les lèvres prenaient une couleur bleuâtre. Ces symptômes d'asphyxie, résultat inévitable des progrès de la paralysie, qui gagnait de proche en proche les organes de la respiration, devinrent de plus en plus menaçants, malgré les frictions stimulantes, les vésicatoires, et tous les moyens de l'art qui furent employés. Vers trois heures et demie, le pouls était filiforme, et la respiration commençait à prendre le caractère stertoreux.

M. Jacquemet, premier grand-vicaire, nous ayant prié, dès le matin, de l'avertir, lorsque, suivant nos prévisions, le malade toucherait à sa dernière heure, nous lui annonçâmes que cette heure suprême était arrivée. Tout le monde alors se mit à genoux. M. Jacquemet récita, d'une voix fort émue et entrecoupée de sanglots, les dernières prières de l'agonie. Ces prières étaient à peine achevées lorsque l'Archevêque rendit le dernier soupir. Il était quatre heures et demie.

Comme médecin, comme observateur de l'homme physique et moral, notre rélation est terminée. Comme chrétien, nous ne pouvons nous dispenser de quelques réflexions, qui découlent naturellement de notre sujet.

En considérant, dans son ensemble et dans ses détails, le drame lamentable et sublime, qui a commencé le dimanche au faubourg Saint-Antoine, pour finir le mardi à l'Archevêché, nous y voyons d'un bout à l'autre quelque chose d'extraordinaire, d'anormal, de surhumain; disons mieux, nous y voyons le cachet du *surnaturel.*

Tous ceux, qui, comme nous, ont eu le bonheur de connaître particulièrement Mgr Affre, savent qu'il n'était pas de ces hommes qui font peu de cas de leur vie; nous pouvons affirmer qu'il aimait la vie, comme peut et doit l'aimer un chrétien et un prêtre. Il y était attaché par les affections de famille les plus douces, par les relations sociales les plus flatteuses. Il devait aimer aussi sa position, sa dignité, à laquelle il avait été élevé par son mérite personnel; il devait l'aimer, parce qu'elle lui avait ouvert une grande carrière de dévouement, parce qu'il y avait fait beaucoup de bien, et qu'il en voyait encore beaucoup à faire. — Doué d'une raison supérieure et d'un caractère ferme, il n'était pas cependant de ces natures stoïques, pour qui la douleur physique n'est presque rien, et qui semblent ne pas connaître le prix de la santé. Il craignait la douleur et le malaise; les moindres dérangements de sa santé lui faisaient souci. — Homme d'étude, et d'habitudes pacifiques, il n'avait pas et ne pouvait avoir ce qu'on appelle le courage des armes. On l'avait vu, peu de jours avant sa blessure, vivement ému du bruit de la fusillade dans le quartier Sainte-Geneviève, où il était allé administrer la confirmation, tandis que l'insurrection éclatait dans le voisinage. Nous-même nous l'avions vu un peu troublé dans les journées de février, lorsque le bruit de la canonade retentissait dans l'Ile-Saint-Louis.

Tel était l'homme, dans son caractère, dans sa nature.

Mais lorsque la grande pensée de l'expiation et du sacrifice se fut emparée de son âme, lorsqu'il eut reçu d'en haut les grâces nécessaires pour l'accomplissement de sa sainte mission, il se trouva élevé au-dessus de sa nature. Dès ce moment, on dirait que l'homme a disparu pour ne laisser voir que la victime dévouée. Sa vie lui paraît *peu de chose* : il le dit et le répète avec la simplicité de sa conviction. Il néglige les conseils de la prudence humaine la plus vulgaire, lui, naturellement si sage, et d'une prudence si consommée ! Entre le projet et l'exécution il ne prend pas même le temps de réfléchir, de consulter, de faire sonder les dispositions du faubourg. A midi, la pensée ne lui était pas encore venue ; à cinq heures il était chez le général Cavaignac, et à 8 heures dans le faubourg Saint-Antoine. Le bruit du canon et de la fusillade ne lui cause plus aucun trouble. Les images sanglantes qu'on met sous ses yeux pour le détourner de son dessein ne l'émeuvent pas.

Lorsqu'enfin il est frappé, le surnaturel éclate pour ainsi dire d'une manière plus merveilleuse. Cet homme, naturellement soucieux de sa santé, ne fait qu'une seule question sur sa blessure, et c'est pour savoir si elle est mortelle. Après cela, il n'en parle plus. Il ne s'inquiète pas de savoir si le coup qui l'a atteint est venu de droite ou de gauche, si la balle est restée dans la plaie, s'il y a possibilité de la retirer, s'il doit souffrir beaucoup et longtemps, s'il aura quelque opération chirurgicale à subir. Pas un seul mot de toutes ces choses, qui, humainement, étaient d'un si grand intérêt pour lui ! Qui le croirait ? Il ne nous a pas même demandé une seule fois de le soulager. Il savait bien que nous nous en occupions ; mais il est si naturel qu'un malade en proie à d'horribles tortures demande du soulagement à son médecin ! Il ne l'a pas fait une seule fois. Il demandait seulement à Dieu la résignation et la patience. Cet homme, naturellement impatient de la douleur, souffrait des douleurs atroces sans un seul moment d'impatience. Ses gémissemens continuels étaient comprimés par la résignation ; et, lorsqu'ils éclataient un peu, il en demandait pardon : *Ah ! mes amis*, disait-il, *éloignez-vous de moi, je ne vous édifie pas.*

Pendant les deux assauts du faubourg qu'il lui a fallu subir après sa blessure, le bruit du canon retentissait dans sa chambre et faisait trembler les vitres, sans lui causer le moindre saisissement, la moindre inquiétude personnelle, quoiqu'il eût toute sa tête, toutes ses facultés, et que son ouïe ne fût pas le moins du monde affaiblie. Pas un seul mot, pas une seule question sur le bruit qu'il entend. Il n'est occupé qu'à prier, et à souffrir avec une constance de martyr. N'est-ce pas là du surnaturel?

Et n'y a-t-il pas eu aussi du surnaturel dans cette émotion si profonde, si universelle, qui a ébranlé tout Paris à la nouvelle de la blessure de l'archevêque, et dans ces témoignages de vénération si extraordinaires, dont le peuple et l'armée ont entouré son cortége funèbre?

Nous avons vu, dans ces jours néfastes, assez et trop de morts héroïques; nous avons vu tomber, autour des barricades, des citoyens éminents et de vaillants capitaines, dont la patrie portera le deuil longtemps. Mais la mort de l'Archevêque se distingue entre toutes les autres par un caractère surnaturel, c'est-à-dire providentiel et divin. C'est un événement dont la conscience publique a compris la grandeur et l'importance. Derrière ce drame sanglant on voit apparaître un conseil de miséricorde. Car le sang d'un martyr n'a jamais coulé en vain dans les temps de calamité publique.

Reposons-nous sur cette pensée, pleine d'espérance et de consolation.

PROCÈS-VERBAL

De l'embaumement du corps et de l'examen médico-légal de la blessure de Monseigneur Denis-Auguste Affre, Archevêque de Paris, mort le 27 juin 1848, à 4 heures et demie du soir, des suites d'un coup de feu qu'il avait reçu le dimanche précédent, près des barricades du faubourg Saint-Antoine.

L'an mil huit cent quarante-huit, le vingt-huit juin, à cinq heures après midi, nous soussigné, Jean-Bruno Cayol, ancien professeur de la Faculté de médecine de Paris, médecin de feu monseigneur l'Archevêque de Paris, assisté (pour l'embaumement) de M. Gannal, chimiste spécial, et (pour la dissection anatomique de la blessure) des docteurs Gustave Vignolo et Henri Gueneau de Mussy, avons rédigé ainsi qu'il suit le procès-verbal de cette double opération, telle qu'elle a été exécutée sous nos yeux, en présence de nos honorables confrères MM. les docteurs Recamier, ancien professeur de la Faculté de médecine, médecin honoraire de l'Hôtel-Dieu de Paris, Gueneau de Mussy et Béclard, professeurs agrégés près la Faculté de médecine de Paris, Lacroze, chirurgien en chef de l'hospice des Quinze-Vingts, Amussat, Ferrand de Missol, Lucien-Boyer et Noel, qui tous ont signé avec nous le présent procès-verbal en double minute, pour l'une être renfermée dans le cercueil, et l'autre remise à MM. les vicaires généraux capitulaires.

M. Gannal a d'abord procédé à son injection conservatrice, au moyen d'un syphon introduit dans l'artère carotide préalablement mise à découvert par une incision, et d'une grande seringue adaptée à ce syphon. Quatre litres environ du liquide conservateur ont ainsi pénétré par le réseau vasculaire dans toutes les parties du corps, où sa présence s'est manifestée aussitôt sur les diverses régions de la peau par des arborescences d'un blanc jaunâtre, qui ont changé instantanément l'aspect des sugillations et des taches livides qu'on observait sur les cotés du col et du thorax. En même temps l'odeur putride qui s'exhalait du corps a complettement cessé.

Après quelques moments d'attente pour la pénétration complète de l'injection, on a procédé à l'examen anatomique de la blessure, et à la recherche de la balle, qui n'avait pu être extraite pendant la vie. L'entrée de ce projectile était marquée par une plaie de forme arrondie, à bords inégaux et saignants, de 3 centim. environ de diamètre, située vers l'union de la région lombaire avec la région dorsale du rachis, à 5 centim. à droite de la ligne médiane de l'épine. Le trajet de la plaie suivait une direction oblique de haut en bas, de droite à gauche et d'arrière en avant. En introduisant dans ce trajet d'abord une sonde, puis le doigt indicateur jusqu'à 9 centim. de profondeur, on était arrêté dans la gouttière vertébrale par une surface osseuse dure, où l'on sentait distinctement des aspérités et des esquilles, traces évidentes du passage de la balle, qu'on ne rencontrait point cependant, parce qu'elle avait pénétré plus avant. Il devint alors nécessaire 1° de détacher par la dissection les masses musculaires qui garnissent les gouttières vertébrales; 2° d'enlever par deux traits de scie un tronçon de la colonne vertébrale; 3° de faire deux coupes verticales dans ce tronçon pour constater l'état de la moelle et du canal rachidien. C'est ainsi qu'on découvrit tout le trajet de la balle. Elle avait d'abord brisé l'apophyse transverse de la 3e vertèbre lombaire ; puis, changeant de direction, comme il arrive toujours lorsqu'un projectile pénètre dans des tissus de densité différente, elle avait traversé de part en part le corps de cette même vertèbre, en divisant, à peu près dans la moitié de son épaisseur, la queue de la moelle épinière, à 5 centim. au-dessous de son origine. Au sortir du corps de la vertèbre, la balle changeant encore une fois de direction, avait remonté vers le rein gauche, coupé l'uretère, à peu de distance du bassinet, et finalement s'était logée dans le muscle psoas, d'où elle a été extraite. Tout le tissu cellulaire graisseux environnant le rein gauche et la capsule surrénale était réduit en une sorte de putrilage par l'infiltration de l'urine, (qui d'ailleurs était sortie abondamment par la plaie extérieure depuis les premières heures de la blessure jusqu'au décès). Il y avait aussi beaucoup de sang infiltré dans les mêmes tissus. La substance du rein gauche était parsemée de nombreuses ecchymoses. Le rein droit ne présentait aucune altération. La moëlle épinière, dans l'endroit de sa lésion, était infiltrée de sang; nous avons trouvé dans sa substance un éclat de la balle, du volume et à peu près de la forme d'une très petite graine de melon. Les meninges du canal rachidien étaient d'un rouge brun et infiltrées de sang dans une certaine étendue au-dessus et au-dessous de la lésion.

Description de la balle. Elle présente d'un côté une forte dépression en forme de gouttière, et deux éminences auriculaires, comme si elle avait subi une sorte de torsion. Il y a lieu croire qu'elle s'est ainsi déformée en traversant la colonne vertébrale; car la plaie qu'elle a faite à son entrée est parfaitement ronde et sans lambeaux. En examinant d'ailleurs avec soin cette balle on reconnaît le point d'où s'est détaché le fragment de plomb qu'on a trouvé dans la moelle épinière. Le côté opposé conserve sa forme sphérique. On y reconnaît la saillie circulaire des balles coulées dans un moule à deux valves, et la bavure résultant d'une large queue mal rognée. Elle diffère sous ces rapports des balles de l'armée, qui sont coulées dans des lingotières, et ne conservent pas de bavures. Nous avons remarqué en outre qu'elle n'est pas de calibre. Elle ne pèse, y compris son petit fragment détaché, que 21 grammes 30 centigramgrammes, tandis qu'une balle de l'armée que nous avons examinée comparativement pèse près de 4 grammes de plus. Tout semble donc indiquer que la balle que nous venons d'extraire est une balle d'insurgé.

La balle étant restée en dehors du péritoine, et aucun des accidents qui ont suivi la blessure n'ayant indiqué une lésion quelconque des viscères abdominaux, nous avons jugé inutile d'ouvrir l'abdomen, et nous nous sommes abstenu pareillement de l'ouverture des autres cavités splanchniques.

Notre examen étant ainsi terminé, M. Gannal a complété son opération d'embaumement ; en enveloppant le corps de plusieurs tissus de laine et de soie parfumés et imbibés d'essences. Après quoi, nous avons clos le présent procès-verbal, à l'hôtel de l'archevêché, rue et île Saint-Louis, les jours, mois et an que dessus, à huit heures du soir, et avons signé.

RÉCAMIER, CAYOL, AMUSSAT, G. VIGNOLO, NOEL, LUCIEN-BOYER, GUENEAU DE MUSSY, LACROZE, FERRAND DE MISSOL, J. BÉCLARD, GANNAL.

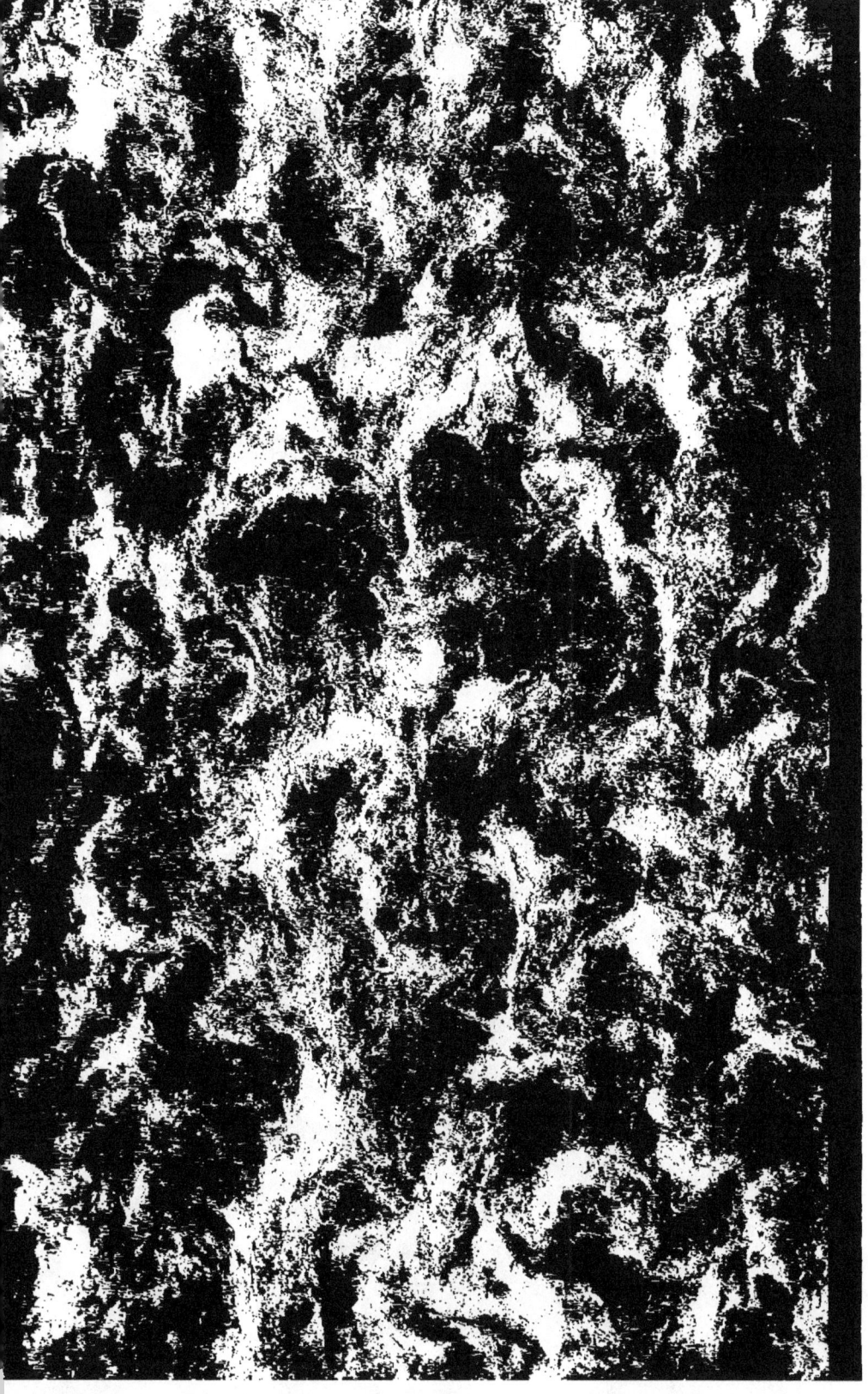

www.ingramcontent.com/pod-product-compliance
Lightning Source LLC
Chambersburg PA
CBHW060515050426
42451CB00009B/1001